I0012514

CONTENTS

L'IA AU SERVICE DE TOUS

Comment Utiliser l'Intelligence
Artificielle pour Gagner du Temps,
de l'Argent et Améliorer Votre Vie

KOUADIO KONAN JOEL

L'IA AU SERVICE DE TOUS

Comment Utiliser l'Intelligence Artificielle pour Gagner du Temps, de l'Argent et Améliorer Votre Vie.

PLAN DU LIVRE

PREFACE

Introduction : Pourquoi l'IA est incontournable

- La révolution en cours
- Comparaison avec d'autres grandes révolutions technologiques (internet, smartphone)
- Ce que l'IA change dans notre façon de vivre, de travailler, de créer
- Objectif du livre : vulgariser, guider, inspirer à agir

Partie 1 – Comprendre L'ia Sans Jargon

Chapitre 1 : Qu'est-ce que l'IA vraiment ?

- Définition simple de l'intelligence artificielle
- Différences entre IA faible, forte, générative
- Évolution historique de l'IA (des débuts à aujourd'hui)

Chapitre 2 : Les types d'IA et leurs usages actuels

- IA générative (ChatGPT, DALL·E, Midjourney...)
- IA analytique (data science, prédiction)
- IA dans les objets du quotidien (assistants

vocaux, recommandations)

Chapitre 3 : Les mythes à déconstruire

- L'IA ne va pas « remplacer tout le monde »
- Ce n'est pas une magie ni un robot conscient
- Comprendre les limites actuelles de l'IA

Partie 2 – Intégrer L'ia Dans Votre Quotidien

Chapitre 4 : Gagner du temps avec ChatGPT, Notion AI, et autres outils

- Exemples concrets : rédaction de mails, organisation de projets
- Optimiser ses recherches et ses tâches administratives
- Création d'outils personnalisés

Chapitre 5 : Automatiser ses tâches professionnelles

- CRM automatisé, réponses automatiques, génération de contenu
- IA et productivité personnelle
- Workflows avec Zapier, Make, IFTTT

Chapitre 6 : IA et créativité : écrire, dessiner, coder, créer des vidéos

- Écrire un livre ou des articles avec l'IA
- Générer des images, des musiques, des vidéos
- Assistance à la programmation (GitHub

Copilot, Codeium)

Partie 3 – Utiliser L'ia Pour Générer Des Revenus

Chapitre 7 : Créer un business IA-friendly

- Trouver une idée de business avec l'aide de l'IA
- Étude de marché et positionnement
- Utiliser l'IA pour structurer son offre

Chapitre 8 : Monétiser ses compétences grâce à l'IA

- Freelancer augmenté par l'IA (copywriting, design, code)
- Devenir consultant IA ou créateur de formations
- Proposer des services basés sur les outils IA

Chapitre 9 : Créer des produits numériques avec l'aide de l'IA

- Ebooks, modèles, applications, sites web
- Création rapide avec l'aide de l'IA (texte, design, marketing)
- Automatiser le processus de vente et de diffusion

Partie 4 – Anticiper Les Défis Et Rester Pertinent

Chapitre 10 : L'avenir du travail avec l'IA

PRÉFACE

Quand l'intelligence artificielle a commencé à faire la une des journaux, beaucoup l'ont perçue comme une menace : la fin du travail, des machines qui pensent à notre place, un monde déshumanisé... Mais si on regardait les choses autrement ? Et si, au lieu de craindre l'IA, nous apprenions à la connaître, à l'apprivoiser, à **en faire une alliée pour construire un futur plus intelligent, plus créatif, plus libre** ?

Ce livre est né d'une conviction simple : **l'IA n'est pas réservée aux ingénieurs ni aux grandes entreprises.** Elle est là, accessible, parfois même déjà installée sur votre smartphone ou votre ordinateur, prête à vous accompagner dans vos projets, vos idées, votre quotidien. La vraie question n'est plus "Quand est-ce que l'IA va changer le monde ?" — c'est déjà le cas. La vraie question, c'est : **"Comment allez-vous en profiter ?"**

À travers ces chapitres, vous allez découvrir comment **tirer parti de l'IA pour gagner du temps, automatiser, créer, entreprendre, apprendre** et surtout, innover. Que vous soyez salarié, indépendant, étudiant, artiste ou entrepreneur, ce livre est un guide concret, accessible et actionnable pour **mettre l'intelligence artificielle au service de votre réussite.**

Ce n'est pas un manuel technique. C'est une

boîte à outils. Un déclencheur d'idées. Une source d'inspiration.

Prenez ce que vous aimez, testez ce qui vous intrigue, adaptez tout à votre réalité. L'important n'est pas de tout savoir, mais de commencer. Car dans cette révolution, **ceux qui avancent pas à pas, avec curiosité et audace, seront ceux qui iront le plus loin**.

Bienvenue dans un nouveau monde. Un monde où **l'intelligence humaine se décuple grâce à l'intelligence artificielle.**

Bonne lecture... et surtout, bonne action.

INTRODUCTION : POURQUOI L'IA EST INCONTOURNABLE

Il y a des moments dans l'histoire où une innovation change radicalement la manière dont nous vivons, travaillons et interagissons avec le monde. L'électricité. L'imprimerie. Internet. Aujourd'hui, l'intelligence artificielle (IA) marque un tournant similaire — voire encore plus profond. Ce qui semblait réservé à la science-fiction devient une réalité accessible à tous, à portée de clic.

L'IA n'est plus une technologie réservée aux géants de la Silicon Valley. Elle s'invite dans nos téléphones, nos maisons, nos bureaux. Elle rédige des textes, crée des images, compose de la musique, propose des idées d'entreprise, anticipe nos besoins, résout des problèmes complexes. Et surtout : elle **démocratise la puissance intellectuelle.**

Alors que certains la redoutent comme une menace pour l'emploi ou une machine hors de contrôle, d'autres y voient une opportunité sans précédent d'automatiser, de créer, de libérer leur potentiel. Ce livre s'adresse à vous, que vous soyez curieux, sceptique, enthousiaste ou dépassé par l'évolution rapide de cette technologie.

L'objectif ici n'est pas de vous noyer dans les détails techniques, ni de prophétiser un avenir dystopique. Au contraire. Ce livre est un **guide**

pratique et accessible, pour vous montrer **comment tirer profit de l'IA dès maintenant**, que vous soyez entrepreneur, étudiant, salarié, freelance, ou simplement désireux de gagner du temps et de mieux vivre.

Dans les prochains chapitres, vous découvrirez :

- Comment fonctionne l'IA, sans jargon inutile
- Quels outils peuvent transformer votre quotidien dès aujourd'hui
- Comment créer un revenu ou lancer un business grâce à l'IA
- Comment rester à jour dans un monde qui évolue à une vitesse fulgurante

Ce n'est pas un livre pour les codeurs, les experts ou les chercheurs en machine learning. C'est un livre pour **vous**, avec des conseils concrets, des exemples réels, et une vision claire : **l'IA ne remplace pas les humains — elle augmente ceux qui savent s'en servir.**

CHAPITRE 1 : QU'EST-CE QUE L'IA VRAIMENT ?

Avant de découvrir comment utiliser l'intelligence artificielle dans votre vie quotidienne, il est essentiel de comprendre ce qu'elle est réellement. L'IA n'est pas une boîte noire magique. Elle n'est pas non plus un robot humanoïde prêt à prendre le contrôle du monde. Elle est bien plus simple — et bien plus puissante — que cela.

1. Une définition simple de l'intelligence artificielle

L'intelligence artificielle (IA), en termes simples, est la capacité d'une machine ou d'un logiciel à **imiter certaines fonctions de l'intelligence humaine**. Ces fonctions peuvent inclure :

- La compréhension du langage (comme vous parler via ChatGPT),
- La reconnaissance d'images,
- La prise de décision,
- La résolution de problèmes,
- L'apprentissage à partir de données.

Ce qui distingue l'IA des simples programmes informatiques, c'est sa **capacité d'adaptation**. Une IA n'est pas figée : elle peut apprendre, s'améliorer, affiner ses réponses. Par exemple, si vous lui montrez des milliers de photos de chats et de chiens, elle finira par distinguer les deux — parfois mieux qu'un humain !

2. IA faible, IA forte et IA générative : comprendre les types

Il existe plusieurs catégories d'intelligence artificielle. Voici les principales :

L'IA faible (ou étroite)

C'est l'IA que nous utilisons aujourd'hui. Elle est **conçue pour effectuer une tâche spécifique** : recommander une vidéo sur YouTube, corriger votre orthographe, traduire un texte, ou vous aider à rédiger un email. Elle est performante dans son domaine, mais **n'a aucune conscience ou intelligence générale**.

L'IA forte (ou générale)

C'est l'IA du futur — celle qui **posséderait une intelligence équivalente ou supérieure à celle des humains**, capable de raisonner, comprendre, s'adapter à n'importe quel contexte. Pour l'instant, elle n'existe pas encore réellement. C'est un sujet de recherche et de débat.

L'IA générative

C'est l'IA la plus populaire aujourd'hui. Elle **génère du contenu** : texte, image, musique, vidéo, code… Des outils comme ChatGPT, Midjourney, DALL·E, Sora ou encore GitHub Copilot en sont des exemples. L'IA générative fonctionne en analysant d'énormes quantités de données existantes pour créer quelque chose de nouveau, en respectant un certain style, ton ou objectif.

3. Comment l'IA apprend : le cœur du processus

Pour apprendre, une IA s'appuie sur ce qu'on appelle le **machine learning** (apprentissage automatique). C'est un processus où l'IA **analyse des données massives**, repère des motifs, puis utilise ces motifs pour prédire, classer ou générer quelque chose de nouveau.

Prenons un exemple :

- Vous montrez à une IA des milliers d'emails : certains sont des spams, d'autres non.
- L'IA apprend les caractéristiques communes aux spams : mots-clés, structure, fréquence.
- Ensuite, elle est capable de **reconnaître un nouvel email suspect**, sans jamais l'avoir vu auparavant.

C'est la **même logique** qui est utilisée pour générer des textes, recommander un film ou même détecter une maladie sur une radiographie.

4. L'IA ne pense pas — elle calcule

C'est un point fondamental. L'IA **n'a pas de conscience, d'émotion, ni de volonté**. Elle ne pense pas comme nous. Elle ne « comprend » pas au sens humain du terme. Elle analyse des données, reconnaît des patterns, applique des modèles statistiques.

Quand vous lui posez une question, elle ne sait pas si ce qu'elle dit est vrai ou faux — elle vous donne la **réponse la plus probable statistiquement**, en fonction de ce qu'elle a appris.

C'est à la fois ce qui rend l'IA fascinante... et dangereuse si on lui accorde trop de pouvoir sans surveillance.

5. Pourquoi maintenant ?

L'IA existe depuis des décennies. Mais trois éléments majeurs ont récemment déclenché une **accélération spectaculaire** :

- La puissance de calcul (des ordinateurs plus rapides et moins chers),
- L'explosion des donn**ées** (nous produisons des milliards de données chaque jour),
- L'amélioration des algorithmes (plus performants, plus précis).

Ces progrès ont permis la naissance d'IA très avancées comme ChatGPT ou DALL·E, qui **sont accessibles au grand public**, souvent gratuitement ou à très bas coût. Aujourd'hui, n'importe qui peut utiliser l'IA pour créer, vendre, automatiser ou apprendre — sans être ingénieur ou codeur.

Conclusion du chapitre :

L'IA n'est ni une menace lointaine ni une science ésotérique. Elle est déjà là, intégrée à nos vies. Comprendre ce qu'elle est, comment elle fonctionne, et ce qu'elle peut faire pour vous est **le premier pas vers une utilisation intelligente et bénéfique**.

CHAPITRE 2 : LES TYPES D'IA ET LEURS USAGES ACTUELS

L'intelligence artificielle est souvent perçue comme une seule et même technologie. Pourtant, elle se divise en plusieurs types, chacun ayant ses particularités, ses forces et ses domaines d'application. Pour mieux comprendre comment vous pouvez utiliser l'IA dans votre vie ou votre activité professionnelle, il est essentiel de distinguer **les grandes familles d'IA** et de découvrir **comment elles sont déjà présentes autour de vous.**

1. L'IA générative : la star du moment

Depuis la fin de 2022, l'IA générative a littéralement explosé. C'est elle qui se cache derrière des outils comme :

- **ChatGPT** (texte),
- **DALL·E, Midjourney, Leonardo AI** (images),
- **Sora, Runway, Pika Labs** (vidéo),
- **Soundraw, Suno, Aiva** (musique),
- **GitHub Copilot, Codeium** (code).

Qu'est-ce qu'elle fait ?

L'IA générative est capable de **créer du contenu original** à partir d'une simple consigne en langage naturel. Vous lui dites :

"Crée un logo de style vintage pour une marque de café

bio" — elle le fait.

Ou encore :

"Rédige un article de blog sur les bienfaits du sport chez les adolescents" — elle s'en occupe.

Pourquoi c'est puissant ?

Parce qu'elle donne à chacun, même sans compétences techniques, le pouvoir de **produire rapidement des textes, des images, des vidéos, du code ou de la musique**.

C'est une révolution pour les freelances, les créateurs, les entrepreneurs et les entreprises.

2. L'IA analytique : l'intelligence des données

C'est l'IA qui analyse, trie, prédit, segmente. Elle est présente depuis longtemps, mais ses capacités se sont fortement améliorées. On la retrouve dans :

- Les **algorithmes de recommandation** (Netflix, Spotify, Amazon),
- Les **prévisions météorologiques** ou boursières,
- La **détection de fraudes bancaires**,
- Les **analyses de comportements clients** (marketing digital, CRM),
- La **santé prédictive** (diagnostic médical assisté par IA).

Ce qu'elle fait concrètement :

- Elle **analyse des quantités massives de données** pour en tirer des modèles,
- Elle **prévoit** des tendances, des comportements ou des anomalies,

- Elle **segmente** une audience, optimise des campagnes, détecte des signaux faibles.

C'est elle qui fait tourner les moteurs de décision des grandes entreprises, mais aussi de nombreuses PME et startups aujourd'hui.

3. L'IA conversationnelle : parler aux machines

L'IA conversationnelle est conçue pour **interagir avec les humains par le langage**. ChatGPT en est un exemple grand public, mais on la retrouve aussi dans :

- les **assistants vocaux** (Siri, Alexa, Google Assistant),
- les **chatbots de service client** (sites web, messageries),
- les **outils d'assistance virtuelle** (Notion AI, Jasper, Claude, Gemini).

Usages concrets :

- Répondre à des clients 24h/24,
- Aider les employés à trouver des réponses internes,
- Gérer des tâches comme la prise de rendez-vous, la FAQ, la documentation.

L'IA conversationnelle est un atout puissant pour **automatiser la communication**, améliorer l'expérience utilisateur et **gagner un temps considérable** dans les échanges quotidiens.

4. L'IA embarquée : invisible mais omniprésente

On l'oublie souvent, mais l'IA est aussi présente dans

des objets du quotidien :

- **Smartphones** (reconnaissance faciale, tri des photos, assistant vocal),
- **Voitures connectées** (aide à la conduite, GPS intelligent, maintenance prédictive),
- **Montres connectées** (analyse du sommeil, rythme cardiaque, coaching santé),
- **Appareils électroménagers intelligents** (réfrigérateurs, robots de cuisine, thermostats).

Particularité :

Cette IA est **intégrée à des objets physiques**. Elle est souvent spécialisée, discrète, mais **rend les objets plus utiles, plus intelligents, plus adaptables**.

5. Les IA dans l'éducation, la santé et la finance

L'IA a également envahi des secteurs clés :

Dans l'éducation :

- Personnalisation des cours en fonction du niveau de l'élève,
- Correction automatique et analyse des lacunes,
- Génération d'exercices ou de supports pédagogiques.

Dans la santé :

- Aide au diagnostic via l'analyse d'imageries médicales,
- Suivi de l'évolution d'un patient à distance,
- Recherche pharmaceutique accélérée.

Dans la finance :

- Détection des comportements suspects (fraude, blanchiment),
- Analyse prédictive de marchés,
- Optimisation de portefeuilles et trading algorithmique.

Conclusion du chapitre :

L'intelligence artificielle n'est pas une technologie unique. Elle prend des formes variées et touche **tous les domaines de notre vie** : communication, création, analyse, automatisation, prédiction, éducation, santé, finance... et bien d'autres.

Plus vous comprendrez ses différentes formes, plus vous saurez l'utiliser intelligemment et en tirer des bénéfices.

CHAPITRE 3 : LES MYTHES
À DÉCONSTRUIRE

L'intelligence artificielle fascine autant qu'elle effraie. Depuis des années, elle est au cœur de films, de livres et de discussions passionnées. Et comme souvent avec les grandes innovations, elle traîne avec elle son lot de **mythes, de fantasmes et de fausses croyances**. Ce chapitre a pour but de **remettre les pendules à l'heure**, pour que vous puissiez aborder l'IA avec lucidité, pragmatisme... et confiance.

1. « L'IA va remplacer tous les humains » : faux et simpliste

C'est probablement **le mythe le plus courant**. Beaucoup s'imaginent que l'IA va faire disparaître tous les emplois, qu'elle va "voler notre travail", voire que les humains deviendront inutiles.

La réalité :

Oui, l'IA va remplacer **certains postes**. Mais elle va surtout **transformer** la nature du travail :

- Elle va automatiser des tâches répétitives, chronophages, peu créatives.
- Elle va **libérer du temps pour l'innovation, la stratégie, la relation humaine.**
- Elle va créer **de nouveaux métiers** que l'on ne connaît pas encore (prompt engineer, IA

trainer, éthicien de l'IA, etc.).

Ce ne sont pas les humains qui seront remplacés, mais ceux qui ne sauront pas utiliser l'IA.

2. « L'IA est plus intelligente que l'homme » : nuance

Ce mythe vient souvent de démonstrations impressionnantes : une IA qui bat le champion du monde d'échecs ou de Go, qui écrit un roman ou génère une image réaliste en quelques secondes.

La réalité :

L'IA peut être **extrêmement performante**… dans un **contexte bien précis**. Mais elle ne pense pas, ne ressent rien, ne comprend pas comme un humain. Elle **exécute des calculs**.

Elle est **forte dans l'analyse, la prédiction, la génération de contenu** — mais elle n'a pas de bon sens, de jugement moral, de créativité pure ou d'intuition humaine.

L'intelligence humaine reste irremplaçable dans de nombreux domaines : leadership, empathie, prise de décision complexe, innovation disruptive.

3. « L'IA est objective et neutre » : faux

Beaucoup pensent qu'une machine est « juste », « impartiale », « neutre ». Or, une IA apprend **à partir des données humaines** — et ces données contiennent **des biais**, parfois inconscients.

Exemples :

- Une IA de recrutement peut reproduire les discriminations de genre ou d'origine si elle a été formée sur des CV biaisés.

- Une IA de justice peut reproduire des jugements injustes si elle est nourrie avec des décisions passées déséquilibrées.

L'IA n'est pas neutre. Elle hérite de nos préjugés. C'est pourquoi la vigilance humaine est toujours nécessaire pour encadrer et corriger ses décisions.

4. « Il faut être informaticien pour comprendre l'IA » : faux

Ce mythe est un frein majeur pour beaucoup. L'IA semble trop complexe, réservée à ceux qui savent coder ou manipuler des algorithmes.

La réalité :

Grâce aux outils actuels (comme ChatGPT, Canva AI, Notion AI, etc.), **n'importe qui peut commencer à utiliser l'IA**, sans aucune compétence technique :

- Un entrepreneur peut automatiser son marketing,
- Un étudiant peut synthétiser ses cours,
- Un artisan peut créer des visuels pour ses produits.

L'IA est aujourd'hui un outil grand public. Et plus vous l'utilisez, plus vous comprenez comment elle fonctionne.

5. « L'IA va conquérir le monde » : fantasme hollywoodien

Des films comme *Terminator*, *I, Robot* ou *Her* ont nourri l'imaginaire collectif : des machines qui prennent le contrôle, qui se rebellent, qui dominent l'humanité.

La réalité :

Les IA actuelles **n'ont aucune volonté propre**. Elles ne sont ni conscientes, ni méchantes, ni bienveillantes.

Ce sont des **outils**. Leur puissance peut être utilisée pour le meilleur comme pour le pire — **tout dépend de l'intention humaine**.

Le vrai danger n'est pas une IA qui s'émancipe, mais **des humains qui l'utilisent sans éthique, sans transparence ou sans contrôle**.

Conclusion du chapitre :

L'IA est puissante, mais elle n'est pas magique. Elle a ses forces... et ses limites. En comprenant ce qu'elle **n'est pas**, vous développez une approche plus saine, plus stratégique et plus lucide.

Ce n'est pas la technologie qu'il faut craindre — c'est l'ignorance.

CHAPITRE 4 : GAGNER DU TEMPS AVEC CHATGPT, NOTION AI, ET AUTRES OUTILS

L'intelligence artificielle, ce n'est pas que de la science-fiction ou des algorithmes complexes réservés aux ingénieurs. C'est aussi — et surtout — **un gain de temps considérable dans votre quotidien**, personnel comme professionnel.

Dans ce chapitre, vous allez découvrir **comment des outils comme ChatGPT, Notion AI, ou encore des extensions basées sur l'IA peuvent vous faire gagner plusieurs heures par semaine.**

1. Rédiger plus vite avec ChatGPT, Notion AI et autres assistants

Rédaction de mails professionnels

Vous avez du mal à formuler vos emails ? Vous passez trop de temps à relire, reformuler ou corriger ? Voici quelques exemples de ce que l'IA peut faire pour vous :

- **Email de relance client** :
  "Peux-tu me rédiger un mail poli pour relancer un client qui n'a pas répondu à ma proposition envoyée il y a 10 jours ?"

- **Demande de rendez-vous** :
  "Rédige un mail professionnel pour proposer un rendez-vous téléphonique à un partenaire

la semaine prochaine.”

- **Réponse rapide à une réclamation** :
  “Propose une réponse courtoise à un client mécontent suite à un retard de livraison.”

Résultat : des mails clairs, pro, bien tournés… rédigés en quelques secondes.

Création de contenus

- Articles de blog,
- Posts LinkedIn ou Instagram,
- Descriptions de produits pour un e-commerce,
- Pages de vente.

Avec quelques indications, ChatGPT ou Notion AI peuvent générer un texte de qualité, que vous n'avez plus qu'à personnaliser.

Outils utiles :

- **ChatGPT (OpenAI)** : le plus populaire.
- **Notion AI** : parfait pour ceux qui utilisent déjà Notion comme espace de travail.
- **Jasper** ou **Writesonic** : orientés marketing.
- **Grammarly** : pour améliorer la grammaire et le style.

2. Organiser ses idées, ses projets et ses priorités

Planifier un projet

Vous avez un projet en tête mais ne savez pas par où commencer ?

Demandez à ChatGPT :

"Aide-moi à structurer un plan d'action pour lancer une boutique en ligne en 3 mois."

Vous obtenez :

- Une liste d'étapes,
- Un ordre logique,
- Des suggestions de ressources ou d'outils.

Organiser une réunion

Notion AI peut générer :

- Un ordre du jour clair,
- Un compte rendu structuré à partir de vos notes,
- Un tableau de suivi des tâches attribuées à chaque participant.

Gérer votre temps

- Créer une to-do list quotidienne ou hebdomadaire avec priorités,
- Recevoir des rappels ou suggestions pour optimiser votre agenda,
- Automatiser l'organisation de vos tâches récurrentes avec **Zapier** ou **Make (ex-Integromat)**.

3. Optimiser ses recherches et ses tâches administratives

Rechercher plus efficacement

Plutôt que de passer des heures sur Google, ChatGPT peut :

- Résumer des articles ou des rapports longs,

- Comparer deux logiciels ou deux offres,
- Synthétiser des avis clients ou des études.

Exemple : *"Quelle est la différence entre Shopify et WooCommerce pour créer une boutique en ligne ?"*

En 30 secondes, vous avez un comparatif clair, équilibré et actionnable.

Gérer ses papiers et sa comptabilité

- Rédiger une lettre administrative (résiliation, réclamation, attestation…),
- Générer des tableaux Excel intelligents (budgets, factures, suivis),
- Traduire automatiquement des documents professionnels,
- Créer des modèles de devis, contrats ou factures personnalisés.

4. Créer ses propres outils personnalisés grâce à l'IA

Vous pouvez aller plus loin en créant vos propres assistants, sans savoir coder :

- Un **chatbot de service client** pour votre site avec **Tidio AI** ou **Botpress**.
- Un **assistant commercial** avec **Chatbase** (entraîner une IA sur vos documents, catalogues, services).
- Un **formulaire intelligent** qui analyse les réponses en temps réel.

Exemples concrets :

- Un coach virtuel pour votre équipe commerciale,
- Un assistant RH pour répondre aux questions internes,
- Une FAQ interactive sur votre site web.

De plus en plus d'outils "no-code" permettent de personnaliser ces assistants à votre activité sans aucune compétence technique.

Conclusion du chapitre :

Vous n'avez pas besoin d'être un expert en IA pour en tirer des bénéfices. Avec les bons outils et une approche pratique, **vous pouvez gagner 1 à 2 heures par jour**.

Rédiger plus vite, mieux vous organiser, automatiser ce qui vous ralentit, créer des outils qui travaillent pour vous : **voilà la vraie puissance de l'IA appliquée au quotidien**.

CHAPITRE 5 :
AUTOMATISER SES TÂCHES
PROFESSIONNELLES

L'intelligence artificielle ne se contente pas de vous assister, elle peut carrément **prendre en charge certaines tâches à votre place**. Mieux encore, en combinant l'IA avec des outils d'automatisation comme Zapier, Make ou IFTTT, vous pouvez créer des **workflows intelligents** qui tournent en autonomie.

Ce chapitre vous montre comment **passer en mode pilote automatique**, pour vous concentrer sur ce qui compte vraiment.

1. Gérer votre relation client avec un CRM automatisé

Un CRM (Customer Relationship Management) est un outil essentiel pour gérer vos prospects, vos clients et vos ventes. Combiné à l'IA, il devient **beaucoup plus intelligent**.

Ce que vous pouvez automatiser :

- **Ajout automatique d'un contact** après qu'il remplit un formulaire ou vous envoie un message.

- **Relances automatiques par email ou SMS**, personnalisées selon le stade du client.

- **Analyse des comportements** : l'IA peut prédire quel client est chaud, tiède ou froid.
- **Réponses automatiques avec de l'IA** dans les chats (via Tidio, Intercom, Chatbase...).

Outils populaires :

- **HubSpot + ChatGPT** : pour automatiser vos séquences de mails.
- **Zoho CRM avec IA intégrée (Zia)** : pour des suggestions intelligentes.
- **Pipedrive + Zapier** : pour connecter votre CRM à vos emails, formulaires, réseaux sociaux.

2. Génération automatique de contenu avec l'IA

Produire du contenu prend du temps. L'IA peut vous **aider à créer, programmer et publier automatiquement** :

- Des articles de blog optimisés SEO,
- Des newsletters personnalisées,
- Des publications LinkedIn, Facebook ou Instagram,
- Des scripts pour vidéos TikTok ou YouTube.

Comment automatiser ?

- Utilisez **ChatGPT, Jasper ou Writesonic** pour générer le contenu.
- Connectez-les à **Notion, Google Docs, ou WordPress** avec Zapier pour les intégrer automatiquement.

- Programmez la publication sur les réseaux via **Buffer ou Hootsuite.**

Exemple de workflow :

1. Vous saisissez une idée de sujet dans Notion.
2. L'IA rédige un brouillon automatiquement.
3. Il est publié sur votre blog via WordPress.
4. Un post est automatiquement généré pour vos réseaux sociaux.

Résultat : **une semaine de contenu prête en 30 minutes.**

3. IA et productivité personnelle

L'automatisation n'est pas réservée aux entreprises. Vous pouvez aussi automatiser **votre quotidien** :

- Rappels intelligents dans votre agenda selon vos priorités,
- Génération automatique de compte-rendu de réunions (avec Notion AI ou Otter.ai),
- Emails triés, priorisés ou répondus automatiquement,
- Synthèse de documents ou rapports reçus en un clic.

Astuce IA :

Demandez à ChatGPT :

"Tu es mon assistant personnel. Résume-moi ce document et prépare une checklist à partir de son contenu."

4. Créer des workflows puissants avec Zapier, Make et IFTTT

Ces plateformes permettent de **relier des centaines d'applications** entre elles sans écrire une ligne de code. Vous créez des scénarios automatisés (appelés "Zaps" ou "Scénarios") qui se déclenchent selon des règles précises.

Exemples concrets :

- Lorsqu'un client remplit un formulaire Google → son info est ajoutée dans Notion + un mail de bienvenue est envoyé via Gmail.
- Lorsqu'un article est publié sur votre blog → il est automatiquement partagé sur vos réseaux sociaux.
- Lorsqu'un événement est ajouté à Google Calendar → une tâche est créée dans votre app de gestion (ex : Todoist, Trello).

Outils à tester :

- **Zapier** : le plus simple, très intuitif.
- **Make (ex-Integromat)** : plus visuel, parfait pour des scénarios complexes.
- **IFTTT** : idéal pour connecter objets connectés, apps perso et notifications.

Conclusion du chapitre :

L'automatisation, c'est la vraie révolution silencieuse.

C'est elle qui vous permet de travailler moins, mieux,

et plus intelligemment. Grâce à l'IA combinée à des outils comme Zapier ou Make, vous passez de l'exécution manuelle à une **stratégie optimisée**. Moins de stress, plus de temps, plus d'impact.

CHAPITRE 6 : IA ET CRÉATIVITÉ : ÉCRIRE, DESSINER, CODER, CRÉER DES VIDÉOS

L'intelligence artificielle ne se limite pas à automatiser des tâches : elle est aussi un **véritable catalyseur de créativité**. Que vous soyez écrivain, designer, développeur ou vidéaste, l'IA devient un **co-créateur** capable de vous aider à produire plus vite, à tester des idées et à explorer de nouvelles formes d'expression.

Dans ce chapitre, nous allons découvrir comment l'IA **stimule la création** dans quatre grands domaines : l'écriture, le visuel, le code et la vidéo.

1. Écrire un livre ou des articles avec l'IA
Planification et structuration

Vous avez une idée de livre mais ne savez pas par où commencer ? L'IA peut vous aider à :

- Structurer les chapitres,
- Générer un sommaire cohérent,
- Proposer des titres attractifs,
- Développer des sous-parties.

Exemple :

Demandez à ChatGPT :

"Aide-moi à écrire un livre sur la productivité. Propose un plan détaillé avec 10 chapitres et les sous-parties."

Rédaction assistée

- Développement d'idées à partir de quelques lignes,
- Rédaction de contenu long (ebooks, articles de blog),
- Réécriture, reformulation et amélioration du style,
- Correction grammaticale et ton adapté à l'audience.

Outils à utiliser :

- **ChatGPT** : rédaction, style, corrections,
- **Notion AI** : prise de notes intelligente, structuration,
- **Jasper AI** : articles de blog, contenus marketing,
- **Sudowrite** : pour les écrivains de fiction.

2. Générer des images, musiques et vidéos avec l'IA
Créer des images à partir de textes

Avec des outils comme **DALL·E**, **Midjourney** ou **Stable Diffusion**, vous pouvez transformer une simple description en image :

- Illustrations pour des livres ou des articles,
- Logos ou éléments de branding,
- Scènes visuelles pour des projets créatifs.

Exemple de prompt :

"Une ville futuriste au coucher du soleil, style cyberpunk, avec des voitures volantes."

Composer de la musique

Des IA comme **Soundraw**, **AIVA** ou **Ecrett Music** permettent de :

- Créer des musiques libres de droits,
- Générer des ambiances sonores selon un style ou une émotion,
- Produire des bandes-son pour vidéos, jeux ou podcasts.

Créer des vidéos automatiquement

- **Synthesia** ou **HeyGen** : créer des vidéos avec avatars humains animés,
- **Pictory** ou **Lumen5** : transformer des articles en vidéos YouTube ou TikTok,
- **Runway ML** : montage vidéo intelligent, génération de clips, suppression d'objets.

Cas pratique :

Vous écrivez un article → ChatGPT le résume → Pictory génère une vidéo à partir du texte → Soundraw crée la musique → Tout est prêt à publier.

3. Assistance à la programmation avec l'IA

L'IA révolutionne aussi le monde des développeurs. Elle devient un **assistant de codage intelligent**, capable de :

- Compléter automatiquement votre code,
- Suggérer des corrections ou des améliorations,
- Expliquer des blocs de code complexes,

- Générer des scripts à partir de simples instructions.

Outils phares :

- **GitHub Copilot (par OpenAI & Microsoft)** : propose des lignes de code en temps réel,
- **Codeium** : outil gratuit et performant d'aide à la programmation,
- **Replit Ghostwriter** : codage assisté dans un IDE en ligne.

Exemples d'usage :

- *"Écris-moi une fonction en Python pour envoyer un email avec pièce jointe."*
- *"Optimise ce script JavaScript pour qu'il se charge plus vite."*
- *"Explique-moi ce code en langage simple."*

Résultat : les débutants apprennent plus vite, les pros codent plus efficacement.

Conclusion du chapitre :

La créativité humaine ne disparaît pas avec l'IA. Elle est **amplifiée**. Grâce à des outils simples à utiliser, **vous pouvez transformer une idée en œuvre concrète** : un livre, une image, une musique, une vidéo ou même une application.

L'IA devient votre **collaborateur créatif**, toujours disponible, toujours rapide, toujours inspirant.

CHAPITRE 7 : CRÉER UN BUSINESS IA-FRIENDLY

Aujourd'hui, créer une entreprise ne nécessite plus un gros budget ni une grande équipe. Grâce à l'intelligence artificielle, **tout le processus entrepreneurial peut être accéléré**, optimisé et même simplifié. Ce chapitre vous montre comment utiliser l'IA pour trouver une idée, analyser votre marché et construire une offre pertinente, le tout avec des outils accessibles et concrets.

1. Trouver une idée de business avec l'aide de l'IA

Vous voulez entreprendre, mais vous ne savez pas par où commencer ? L'IA peut vous aider à explorer des idées innovantes, en tenant compte des tendances, de vos compétences, et des besoins du marché.

Méthode simple avec ChatGPT :

- **Prompt** :
  "Voici mes compétences : marketing digital, design, rédaction. Peux-tu me proposer 10 idées de business rentables et réalisables en ligne, avec peu d'investissement initial ?"
- **Résultat** :
  L'IA vous propose des idées ciblées comme :
    - Création d'une agence de branding avec IA,

- Vente de templates personnalisés,
- Coaching digital basé sur des outils IA.

Autres outils utiles :

- **Exploding Topics** : pour identifier les tendances émergentes,
- **Google Trends** : pour vérifier l'intérêt autour d'un sujet,
- **ChatGPT + Notion AI** : pour explorer les angles uniques d'un marché.

2. Étude de marché et positionnement avec l'IA

Une fois l'idée trouvée, il est essentiel de **valider qu'elle répond à un vrai besoin**. L'IA vous aide à analyser votre audience, vos concurrents, et à trouver un positionnement stratégique.

Tâches que vous pouvez automatiser :

- Analyse des concurrents : prix, offres, présence en ligne,
- Synthèse d'avis clients pour cerner les points faibles du marché,
- Identification des mots-clés les plus recherchés (avec **ChatGPT + données SEO**),
- Création de persona clients précis.

Exemple de prompt :

"Fais-moi une étude de marché rapide sur les formations en ligne pour freelances. Qui sont les concurrents ? Quels sont les besoins non couverts ?"

Outils pour booster votre recherche :

- **ChatGPT** + **données web** pour synthétiser des sites,
- **SparkToro** pour identifier où votre audience se trouve,
- **AnswerThePublic** pour voir ce que les gens demandent sur Google.

3. Utiliser l'IA pour structurer son offre

Une fois que vous avez une idée claire et validée, vous devez construire une **offre cohérente, attrayante et bien positionnée**. Là encore, l'IA est un partenaire redoutable.

Ce que vous pouvez faire avec l'IA :

- Structurer un tunnel de vente complet (lead magnet, offre, upsell),
- Rédiger votre page de vente et vos e-mails marketing,
- Définir vos packages, tarifs, garanties, bonus,
- Créer des maquettes ou des prototypes de produit.

Exemple de workflow :

1. Vous décrivez votre produit à ChatGPT.
2. Il vous propose une structure d'offre en 3 niveaux (starter, pro, premium).
3. Il génère une page de vente, une FAQ, et des exemples d'objections clients avec leurs

réponses.

4. Vous validez et commencez à promouvoir.

Outils à intégrer :

- **ChatGPT** : stratégie, copywriting, pricing,
- **Notion AI** : structuration de l'offre et calendrier de lancement,
- **Canva + IA** : pour créer les visuels de présentation de vos offres.

Conclusion du chapitre :

Créer un business "IA-friendly", ce n'est pas seulement utiliser des outils technologiques. C'est **adopter un état d'esprit agile, stratégique et orienté vers l'efficacité**. L'intelligence artificielle vous permet d'aller plus vite, de prendre de meilleures décisions et de minimiser les risques.

Vous n'avez plus besoin d'être un expert pour bâtir une entreprise intelligente : **vous avez juste besoin de l'IA comme alliée.**

CHAPITRE 8 : MONÉTISER SES COMPÉTENCES GRÂCE À L'IA

Nous vivons une époque où chacun peut transformer ses talents en sources de revenus, surtout avec l'aide de l'intelligence artificielle. Que vous soyez freelance, formateur, ou simplement passionné par un domaine, l'IA vous permet d'aller plus vite, de produire mieux, et de **vendre vos compétences à plus grande échelle**. Ce chapitre explore comment devenir un **freelancer augmenté**, un **consultant IA**, ou un **prestataire de services IA**.

1. Le freelancer augmenté par l'IA

Les freelances qui adoptent l'IA sont capables de produire **plus, mieux et plus vite**. Ils livrent des projets avec un niveau de qualité supérieur, tout en réduisant leur temps de travail.

Domaines clés boostés par l'IA :

- **Copywriting** :
    - Rédaction de contenus optimisés avec ChatGPT, Jasper, Copy.ai.
    - Création rapide de pages de vente, posts réseaux sociaux, scripts vidéo.
- **Design graphique** :
    - Génération de visuels avec Midjourney, DALL·E ou Canva AI.

- Création de logos, bannières ou mockups professionnels en quelques minutes.
- **Développement web et code** :
  - Assistance à la programmation avec GitHub Copilot, Codeium ou Replit.
  - Génération de sites web no-code avec Framer, Webflow, ou durables avec l'aide de l'IA.

Exemple :

Un freelance copywriter peut passer de 2 articles/jour à 6 sans sacrifier la qualité, grâce à l'IA. Il augmente ainsi son revenu tout en réduisant son stress.

2. Devenir consultant IA ou créateur de formations

Si vous comprenez comment fonctionnent les outils IA et que vous savez les expliquer clairement, vous avez **une opportunité unique** : devenir formateur ou consultant IA.

Consultant IA :

Les entreprises cherchent des experts pour :

- Intégrer ChatGPT à leur workflow,
- Optimiser leurs tâches avec Notion AI, Zapier, etc.,
- Mettre en place des stratégies de contenu automatisé.

Vous pouvez proposer :

- Des audits,

- Des formations sur-mesure,
- Des accompagnements pratiques.

Créateur de formations IA :

Avec l'explosion de la demande, créer une formation IA sur :

- Le prompt engineering,
- L'usage d'outils pour freelances,
- La création de contenu avec IA...

...peut vous rapporter **des revenus passifs importants**.

Plateformes pour vendre :

- Gumroad, Teachable, Ko-fi, Systeme.io, Udemy.

Outils pour créer :

- ChatGPT (structure, scripts),
- Synthesia ou HeyGen (vidéos),
- Canva (slides),
- Notion (supports de cours).

3. Proposer des services basés sur les outils IA

Vous n'avez pas besoin de créer des outils d'IA pour gagner de l'argent avec l'IA. Vous pouvez **vendre des services automatisés** autour d'outils déjà existants.

Idées de services rentables :

- Création de visuels pour les réseaux sociaux avec Midjourney + Canva,
- Génération d'ebooks ou guides à partir de briefs clients,

- Réalisation de vidéos promotionnelles IA pour TPE/PME,
- Création de tunnels de vente et pages de capture avec ChatGPT.

Exemples concrets :

- *"Je propose des packs de contenu mensuel pour Instagram (images + légendes) générés avec IA."*
- *"Je crée des portraits de marque IA pour les coachs et consultants."*
- *"J'offre un service de rédaction de newsletters automatisées avec ChatGPT."*

Tout cela peut se faire à faible coût et avec peu de temps… si vous maîtrisez bien les bons outils.

Conclusion du chapitre :

Grâce à l'IA, **vos compétences valent plus**. Vous êtes capable de produire plus de valeur en moins de temps. Que vous choisissiez la voie du freelance, du consultant ou du créateur de produits IA, vous pouvez aujourd'hui **monétiser vos talents plus intelligemment** que jamais.

L'IA n'est pas là pour remplacer votre travail : elle est là pour **booster votre rentabilité et votre créativité**.

CHAPITRE 9 : CRÉER DES PRODUITS NUMÉRIQUES AVEC L'AIDE DE L'IA

Les produits numériques — ebooks, modèles, apps, templates, formations... — représentent une des meilleures opportunités pour générer des revenus passifs aujourd'hui. Grâce à l'intelligence artificielle, **vous pouvez créer, lancer et vendre ces produits plus rapidement que jamais,** sans être expert en design, marketing ou programmation. Dans ce chapitre, nous allons voir comment utiliser l'IA à chaque étape : création, optimisation et automatisation.

1. Types de produits numériques faciles à créer avec l'IA

L'IA permet de concevoir une grande variété de produits monétisables :

Ebooks et guides pratiques

- Rédaction complète avec ChatGPT ou Jasper.
- Mise en page avec Canva, Notion ou Google Docs.
- Illustrations avec Midjourney ou DALL·E.

Modèles et templates

- Templates Notion, CV, planners, fiches de

suivi, email templates.

- Générés avec l'IA ou conçus avec votre expertise et mis en forme avec des outils comme Canva ou Figma.

Applications et sites web

- Création d'apps no-code avec Adalo, Glide ou Bubble, assistée par ChatGPT.
- Sites web générés avec Framer AI, Durable.co ou Dorik.
- Assistance au codage avec GitHub Copilot ou Replit.

Autres exemples :

- Packs de prompts IA à vendre,
- Carnets ou journaux interactifs,
- Formations et micro-cours vidéo.

2. Créer rapidement avec l'aide de l'IA

L'IA n'est pas seulement un outil d'inspiration, c'est aussi un accélérateur de production. Vous pouvez passer de l'idée à la mise en ligne d'un produit en quelques heures.

Création de contenu :

- ChatGPT pour écrire les textes : chapitres d'un ebook, pages de vente, scripts vidéo, descriptifs produit.
- Jasper ou Writesonic pour du copywriting marketing efficace.
- Notion AI pour organiser, synthétiser et

structurer.

Design et visuels :

- Canva pour des visuels professionnels instantanés.
- Midjourney, DALL·E pour générer des images uniques.
- Figma + AI pour UI/UX rapide d'un site ou d'une appli.

Exemple de workflow pour un ebook :

1. ChatGPT vous aide à structurer les chapitres.
2. Il génère les textes de chaque section.
3. Vous mettez en page avec Canva.
4. Midjourney génère la couverture.
5. Vous vendez sur Gumroad, Payhip ou votre propre site.

3. Automatiser le processus de vente et de diffusion

L'étape cruciale, après la création, c'est la **distribution automatisée**. Avec l'IA et des outils no-code, vous pouvez vendre vos produits 24h/24 sans intervention manuelle.

Pages de vente :

- Générées avec l'IA : titres accrocheurs, storytelling, bénéfices.
- Plateformes simples : Systeme.io, Podia, Carrd, Tilda.

Email marketing automatisé :

- Séquences d'email créées par ChatGPT.
- Outils : MailerLite, ConvertKit, Brevo.

Paiement et livraison automatisés :

- Gumroad, Payhip, Ko-fi : tout-en-un pour héberger, vendre, livrer.
- Intégration possible avec Zapier pour connecter paiement + CRM + newsletter.

Exemple :

Vous créez une formation IA sur Notion :

- Vous rédigez le plan et les scripts avec ChatGPT.
- Vous réalisez des vidéos avec Pictory ou Synthesia.
- Vous hébergez sur Systeme.io.
- ChatGPT génère une séquence d'email de lancement.
- Vous automatisez la vente avec Stripe + Zapier.

Conclusion du chapitre :

L'intelligence artificielle a abaissé toutes les barrières : **vous n'avez plus besoin d'une équipe entière ou d'un budget conséquent pour lancer un produit numérique.** Vous avez seulement besoin d'une idée claire, des bons outils, et d'un peu de créativité.

Avec les bons prompts et une bonne stratégie,

vous pouvez transformer vos connaissances, votre savoir-faire ou même vos idées en sources de revenus passifs.

CHAPITRE 10 : L'AVENIR DU TRAVAIL AVEC L'IA

L'intelligence artificielle ne se contente plus d'être un outil : elle redéfinit entièrement notre façon de travailler. Elle transforme des métiers entiers, en fait disparaître certains, et en fait émerger de nouveaux. Ce chapitre explore les grandes mutations professionnelles en cours, les compétences clés à développer et surtout, comment **devenir irremplaçable dans un monde où l'IA devient omniprésente.**

1. Professions en transformation

De nombreux secteurs connaissent déjà une profonde mutation sous l'effet de l'IA. Certains voient leurs tâches automatisées, d'autres bénéficient d'une assistance augmentée.

Métiers impactés :

- **Marketing digital** : automatisation du contenu, des campagnes et de l'analyse de données.

- **Journalisme & rédaction** : rédaction d'articles assistée par IA, vérification des faits automatisée.

- **RH & recrutement** : tri de CV automatisé, entretiens vidéo analysés par IA.

- **Développement logiciel** : IA qui génère,

corrige et optimise du code.

- **Finance & comptabilité** : analyse prédictive, détection de fraudes, bilans automatisés.
- **Design & création** : création visuelle accélérée, contenu génératif.

Profils en montée :

- Prompt engineers,
- Designers d'expériences IA,
- Consultants en transformation digitale,
- Data analysts augmentés,
- Product owners spécialisés IA.

2. Les nouvelles compétences à acquérir

Pour rester compétitif dans ce nouveau monde du travail, il ne suffit pas d'éviter l'IA : il faut apprendre à travailler avec elle.

Compétences techniques :

- **Comprendre le fonctionnement des IA génératives** : NLP, machine learning, modèles de langage.
- **Maîtriser les outils IA courants** : ChatGPT, Midjourney, Notion AI, Copilot, Zapier, etc.
- **Prompt engineering** : savoir donner les bons ordres à l'IA pour obtenir des résultats précis.

Compétences humaines amplifiées :

- **Pensée critique** : savoir analyser, filtrer et

remettre en question les réponses de l'IA.

- **Créativité** : combiner l'IA à l'intuition humaine pour créer des projets uniques.
- **Éthique et responsabilité** : comprendre les limites et les biais de l'IA, garantir une utilisation responsable.
- **Apprentissage continu** : rester à jour dans un environnement qui évolue chaque mois.

3. Comment se rendre « irremplaçable » grâce à l'IA

La meilleure stratégie n'est pas de résister à l'IA, mais de **l'adopter intelligemment** pour devenir un professionnel unique, à forte valeur ajoutée.

3 clés pour devenir irremplaçable :

- **Maîtriser l'IA mieux que la moyenne**

  → Plus vous comprenez l'outil, plus vous pouvez l'utiliser comme un levier. Devenez un expert dans votre domaine *et* dans l'IA qui l'accompagne.

- **Développer une signature personnelle**

  → Ce que vous créez doit refléter une identité humaine, une sensibilité ou un style qu'aucune IA ne peut reproduire parfaitement.

- **Devenir un « connecteur »**

  → Combinez plusieurs compétences (techniques + humaines + stratégiques) pour proposer des solutions globales. Ce profil est extrêmement recherché.

Exemple concret :

Un coach professionnel qui utilise l'IA pour créer des contenus personnalisés, automatiser son marketing, analyser les données clients, *et* maintenir une relation humaine et empathique... est **inremplaçable**.

Conclusion du chapitre :

Le monde du travail change vite. Certains métiers disparaîtront, c'est inévitable. Mais **ceux qui sauront travailler avec l'IA, et non contre elle, auront une avance considérable**. L'IA est une opportunité de réinventer sa carrière, de gagner en efficacité, et de se démarquer comme jamais.

Vous n'êtes pas en compétition avec l'IA. Vous êtes en compétition avec ceux qui savent déjà s'en servir.

CHAPITRE 11 : ÉTHIQUE, BIAIS ET RESPONSABILITÉS

À mesure que l'intelligence artificielle s'intègre dans nos vies professionnelles et personnelles, **la question de l'éthique devient cruciale**. Qui est responsable des décisions prises par une IA ? Comment éviter que l'IA ne reproduise ou amplifie les injustices humaines ? Ce chapitre aborde les **dérives potentielles**, les **enjeux de transparence** et les **bonnes pratiques pour un usage responsable** de l'IA.

1. Problèmes de données biaisées

Les IA ne sont pas « objectives » par nature : **elles apprennent à partir des données qu'on leur donne**. Si ces données sont biaisées — ce qui est souvent le cas —, les résultats le seront aussi.

Exemples concrets de biais :

- **Recrutement automatisé** : une IA entraînée sur des données historiques peut favoriser certains profils au détriment d'autres (sexe, origine, âge…).

- **Reconnaissance faciale** : de nombreux systèmes montrent une précision beaucoup plus faible sur les visages non caucasiens.

- **Outils de justice prédictive** : certains algorithmes pénaux ont été accusés de renforcer les discriminations raciales.

Pourquoi ces biais existent ?

- Données d'entraînement non représentatives,
- Modèles qui apprennent à reproduire des tendances passées,
- Absence de supervision humaine dans les décisions clés.

Comment y remédier ?

- Diversifier les datasets,
- Mettre en place des audits réguliers,
- Intégrer l'humain dans la boucle de décision.

2. IA et manipulation de l'opinion

Les modèles d'IA générative peuvent être utilisés pour manipuler l'opinion publique, **en produisant des fake news, des deepfakes ou des campagnes de désinformation massives.**

Exemples de risques :

- **Bots sur les réseaux sociaux** : publication automatisée de contenus polarisants.
- **Faux profils IA** : création de fausses identités pour influencer des discussions.
- **Contenus générés à la chaîne** : vidéos, articles, images montées pour brouiller la vérité.

Conséquences :

- Perte de confiance dans l'information,
- Influence sur les élections ou les décisions politiques,
- Amplification des divisions sociales.

Solutions potentielles :

- Traçabilité des contenus générés par IA (watermarking, métadonnées),
- Plateformes responsables : détection et modération automatique,
- Éducation du public à la pensée critique et à l'analyse des sources.

3. Usage responsable et régulation

L'IA est un outil puissant. **Mais avec le pouvoir vient la responsabilité.** Développeurs, utilisateurs, entreprises et gouvernements doivent réfléchir à un usage encadré, éthique et bénéfique pour tous.

Principes clés pour un usage éthique :

- **Transparence** : indiquer quand un contenu est généré par IA.

- **Consentement** : obtenir l'accord avant de collecter ou d'analyser des données personnelles.

- **Responsabilité** : assumer les conséquences d'un outil IA mal utilisé.

- **Inclusion** : veiller à ce que l'IA profite à tous, sans exclure certaines catégories.

Vers une régulation internationale ?

- L'Union Européenne a déjà introduit l'AI Act.
- D'autres pays (USA, Chine, Canada) préparent des cadres législatifs.
- Mais l'enjeu est **mondial** : les IA n'ont pas de frontières.

Rôle des entreprises et des créateurs :

- Mettre en place des chartes d'usage interne,
- Sensibiliser les équipes aux biais et à l'éthique,
- Définir des cas d'usage « sûrs » et responsables.

Conclusion du chapitre :

L'IA est une révolution puissante, mais elle n'est pas neutre. **C'est un miroir de l'humanité**, avec ses forces et ses failles. C'est pourquoi nous devons l'utiliser avec conscience, transparence et responsabilité. L'avenir de l'IA dépend autant de ses capacités techniques que **de notre capacité à la gouverner de manière éthique et inclusive.**

CHAPITRE 12 : SE FORMER POUR RESTER DANS LA COURSE

Dans un monde où l'intelligence artificielle évolue à une vitesse fulgurante, **ceux qui s'adaptent le plus vite, gagnent**. La bonne nouvelle ? Jamais il n'a été aussi facile d'apprendre, de s'adapter et de progresser. Ce chapitre vous donne les clés pour **vous former efficacement à l'IA**, même sans background technique, et pour intégrer l'apprentissage continu dans votre quotidien.

1. Ressources pour apprendre l'IA (gratuites et payantes)

Qu'il s'agisse de comprendre les bases, de maîtriser des outils ou de plonger dans des concepts plus techniques, voici une sélection des meilleures ressources.

Formations gratuites :

- **Elements of AI** (par l'Université d'Helsinki) : une initiation claire, accessible à tous.
- **Google AI** : cours de machine learning avec exercices pratiques.
- **Fast.ai** : pour ceux qui veulent aller plus loin dans le deep learning.

- **Khan Academy, Coursera (cours gratuits avec option payante)** : très utiles pour les bases en mathématiques, statistiques et programmation.
- **YouTube (Chaînes comme "Two Minute Papers", "Data School", ou "All About AI")**

Formations payantes recommandées :

- **OpenClassrooms** : parcours IA, data science ou prompt engineering.
- **Udemy** : formations pratiques sur Midjourney, ChatGPT, Notion AI, etc.
- **DeepLearning.AI (Andrew Ng sur Coursera)** : référence mondiale pour comprendre le fonctionnement des IA.
- **Le Wagon** : bootcamps intensifs en no-code, IA ou data.
- **LinkedIn Learning** : micro-formations orientées business/tech.

Livres utiles :

- *IA : la nouvelle révolution* – Luc Julia
- *Architects of Intelligence* – Martin Ford
- *Human Compatible* – Stuart Russell

2. S'auto-former avec l'IA

L'une des plus grandes ironies (et forces) de l'intelligence artificielle, c'est qu'elle peut vous **aider à apprendre... l'intelligence artificielle**.

Apprendre avec ChatGPT :

- Poser des questions simples ou complexes sur les concepts d'IA.
- Demander des résumés de livres ou d'articles scientifiques.
- Simuler un mentor IA pour vous coacher sur un sujet précis.
- Créer des quiz ou des fiches de révision personnalisées.

Utiliser d'autres IA pour s'auto-former :

- **Notion AI** : synthétiser vos notes, créer des cours personnalisés.
- **Perplexity.ai** : moteur de recherche conversationnel pour explorer des sujets techniques.
- **YouTube + extensions IA** : résumés automatiques, sous-titres intelligents, etc.

Méthode efficace :

- Choisissez un **sujet par semaine** (ex : "les LLM", "Midjourney", "Zapier").
- Demandez à ChatGPT de vous créer un plan de formation hebdomadaire.
- Pratiquez en créant un projet concret lié au sujet.

3. Créer une routine d'apprentissage continue

La clé n'est pas d'apprendre beaucoup d'un coup, mais **un peu chaque jour**. C'est la régularité qui fait la différence à long terme.

Créer votre routine IA en 4 étapes :

1. **Fixez un créneau quotidien ou hebdomadaire**
   - 30 min par jour ou 2h par semaine suffisent pour progresser rapidement.

2. **Mélangez théorie et pratique**
   - Un jour de lecture, un jour de test d'outil, un jour de projet.

3. **Tenez un journal de progression**
   - Notez ce que vous apprenez, ce que vous testez, ce que vous retenez.

4. **Créez un mini-projet par mois**
   - Ebook, automatisation, vidéo, site avec une IA — peu importe, mais construisez quelque chose de réel.

Conseil bonus : formez-vous à plusieurs

- Rejoignez des groupes Facebook, Discord ou LinkedIn sur l'IA.
- Échangez des ressources, testez ensemble, avancez plus vite.

Conclusion du chapitre :

Dans le monde de l'intelligence artificielle, **l'apprentissage n'est plus une option, c'est une nécessité**. Mais la bonne nouvelle, c'est que les outils pour apprendre sont à portée de main, souvent gratuits, et de plus en plus personnalisés.

Apprendre à apprendre avec l'IA, c'est déjà prendre une longueur d'avance.

CONCLUSION : AGIR MAINTENANT ET BÂTIR AVEC L'IA

L'intelligence artificielle n'est plus un concept lointain. Elle est déjà là, dans nos outils, nos habitudes, nos entreprises, et même dans nos rêves d'avenir. Certains attendent de « mieux comprendre » avant de s'y mettre. D'autres pensent que l'IA est réservée aux ingénieurs ou aux grandes entreprises. Mais **la réalité est simple : le bon moment pour agir, c'est maintenant.**

Le bon moment, c'est maintenant

Il n'est pas nécessaire d'être un expert pour commencer. L'histoire de chaque transformation commence par une prise de conscience, suivie d'une première action. Chaque jour que vous attendez est un jour que vous perdez. En revanche, **chaque minute investie dans la découverte et l'expérimentation de l'IA vous rapproche d'une version améliorée de vous-même.**

L'IA ne va pas remplacer les humains. **Elle va remplacer ceux qui refusent de l'adopter.** Vous avez déjà l'essentiel : la curiosité, la volonté, et désormais, les clés.

Petits pas, grands résultats

Nul besoin de tout révolutionner du jour au lendemain. Commencez par automatiser une tâche. Testez un outil. Créez une image, un texte, un projet, avec l'aide de l'IA. **C'est en avançant à petits pas qu'on construit de grandes choses.**

Ce livre vous a donné des idées, des outils, des exemples concrets. Ce sont des graines. **À vous maintenant de les planter, de les nourrir, et d'en faire éclore un futur différent.**

L'IA comme alliée, pas comme menace

L'intelligence artificielle n'est pas là pour vous voler votre travail, mais pour **vous libérer du superflu, amplifier vos talents et révéler votre créativité.** Elle est un levier, un accélérateur, une partenaire.

Ceux qui apprennent à s'en servir deviendront les architectes du monde de demain.

Dernier mot :

Vous avez entre les mains **le pouvoir de créer, d'innover et de transformer votre vie grâce à l'IA.** Alors n'attendez plus. Commencez aujourd'hui. Testez. Apprenez. Construisez.

L'avenir appartient à ceux qui bâtissent avec l'IA, pas à ceux qui la regardent passer.